COMMENT PRENDRE SA VIE EN MAIN ?

Se reconnecter avec ses valeurs
pour trouver le bonheur

Par Christophe Peiffer

50MINUTES.fr

COMMENT PRENDRE SA VIE EN MAIN ?

- **Problématique ?** Comment reprendre le contrôle de sa vie lorsqu'on pense l'avoir perdu ?
- **Objectif ?** Prendre sa vie en main est un but que beaucoup rêvent d'atteindre, sans toutefois savoir comment y parvenir. À différentes périodes de la vie, chacun d'entre nous peut être amené à relever ce défi. L'objectif de ce livre est de vous donner les clés pour faire les premiers pas sur votre nouveau chemin de vie.
- **FAQ ?**
  - Quand faut-il (re)prendre sa vie en main ?
  - Le changement me fait peur. Comment y remédier ?
  - Comment sortir de ma zone de confort ?
  - Sur quoi puis-je m'appuyer pour commencer à prendre ma vie en main ?
  - Quels moyens concrets puis-je envisager pour le faire ?
  - Comment trouver le temps pour prendre sa vie en main ?
  - J'ai de multiples projets qui restent à l'état d'idées. Comment faire pour les mettre en œuvre ?
  - Faut-il tout remettre en question ?

Contrairement au titre du célèbre film d'Étienne Chatiliez, la vie est loin d'être un long fleuve tranquille. Il est possible que vous ressentiez parfois le sentiment déplaisant de subir votre vie plutôt que d'en être l'acteur principal. C'est un peu comme si vous étiez sur ces tapis roulants que l'on retrouve dans les aéroports, sur lesquels vous êtes immobile alors que vous avancez, regardant le paysage défiler tout en faisant du surplace. Prendre sa vie en main revient à descendre du tapis et à avancer volontairement, en toute conscience, en mobilisant son énergie vers un but qui a du sens.

Pour commencer, faisons un bilan de votre vie. Imaginez que vous montiez dans un hélicoptère et que vous preniez de la hauteur. Vous avez une vue imprenable sur le chemin qui vous a conduit là où vous êtes aujourd'hui.

De près ou de loin, votre parcours ressemble à de nombreux autres parcours, avec ses hauts et ses bas, ses moments agréables et ceux dont vous vous seriez bien passé. Vous avez probablement suivi une scolarité classique, faite d'orientations plus ou moins appuyées par un entourage gravitant autour de vous et « qui ne vous voulait que du bien ». C'est ainsi que vous avez commencé vos études ou appris un métier pour lequel vous éprouviez, à cette époque, de l'intérêt et duquel vous vous étiez forgé une vision idéalisée. Par la suite, il y a de fortes chances que vous ayez pris un poste en relation approximative avec vos études et que vous ayez commencé à échanger avec votre employeur votre temps contre son argent.

Dans votre vie personnelle, sans doute est-ce un peu la même musique. Mais un beau matin vous vous êtes réveillé avec cette sensation désagréable de passer à côté de quelque chose, de ne pas vivre la vie que vous vous étiez imaginée. C'est comme un appel venant du plus profond de votre être, qui vous murmure ces quelques mots avec une profondeur et une gravité que vous n'aviez jamais connues jusqu'alors : « Il est temps de prendre ta vie en main ! » Mais comment y parvenir ? Voilà tout l'objectif de ce livre : vous permettre de prendre un nouveau départ en vous écoutant et en écoutant les valeurs que vous souhaitez mettre en avant dans votre vie.

POURQUOI AVEZ-VOUS PERDU LE CONTRÔLE DE VOTRE VIE ?

LES FIGURES D'INFLUENCE

Il est indéniable que l'éducation joue un rôle de premier ordre dans la façon dont nous pouvons prendre notre vie en main. Il n'y a aucun jugement à porter sur la façon dont vos parents vous ont fait grandir. Il est naturel qu'ils aient voulu partager avec vous leur vision du monde et, sauf cas rares et extrêmes, ils ont fait de leur mieux avec les moyens dont ils disposaient. La plupart du temps d'ailleurs, c'est avec beaucoup de conviction qu'ils ont participé aux différents choix auxquels vous étiez confrontés. Il n'y a là ni bien ni mal, juste des projections inconscientes de leurs propres désirs qu'ils pensent, le plus sincèrement du monde, être les vôtres. Après tout, ils vous ont fait. Dans leur représentation de votre personnalité, c'est un peu comme si vous étiez leur « mini-moi ». Du coup, il leur paraît évident que ce qui aurait été ou qui serait bon pour eux, l'est forcément pour vous.

Autre figure d'influence, et probablement l'un des pires poisons de notre société moderne : la télévision. De nos jours, dès l'instant où un bébé parvient à tenir assis sur un canapé, il est abreuvé d'un flot continu de programmes télévisuels. Comme le disait Patrick Le Lay en 2004, alors qu'il était à la tête de TF1, « ce que nous vendons à Coca-Cola, c'est du temps de cerveau humain disponible » (*Les dirigeants face au changement*, Paris, Éditions du Huitième jour, 2004). Cette disponibilité est nécessaire pour suggérer au téléspectateur de consommer tel ou tel produit avec l'illusion absolue qu'il a choisi ledit produit en toute liberté, ou encore d'exercer sur lui une quelconque influence dans sa façon de voir le monde, lui ôtant du même coup toute possibilité d'esprit critique. Quoi de plus passif en effet que de regarder un écran où sont diffusées des images censées nous divertir ou nous informer ? Cette addiction légale à un objet aspirant tout votre potentiel de développement, de créativité, de réalisation de projets stimulants, a pour effet de vous ôter la prise en main de votre vie.

À côté de ces deux figures d'influence majeures, il en existe d'autres, parmi lesquelles nous pouvons citer :

- **les conseillers d'orientation** qui peuvent aiguiller un individu en fonction d'évaluations notées et retranscrites sur un bout de papier nommé bulletin scolaire. Le message implicite dans cette action est : « Votre vie (professionnelle) est déterminée par ce que vous faites ». Qu'en est-il alors de qui vous êtes ? La question s'avère bien trop complexe, et il ne s'agit pas là de leur priorité ;
- **les amis « qui vous veulent du bien »** qui, un peu à l'instar des figures parentales, sont remplis de bonnes intentions dans l'aide qu'ils veulent à tout prix vous apporter. Ainsi, les longues conversations au cours d'apéritifs dînatoires voient émerger un florilège de « Il faut que... », « Tu devrais... » et autre « Si j'étais toi... » ;
- **votre conjoint** qui, par effet systémique, exerce une influence du fait de sa seule présence. Attention, cela ne veut pas dire qu'il ou elle est le nœud du problème. L'effet systémique est le résultat d'une situation qui prend son origine dans le lien qui existe entre deux partenaires. Les

compromis sont un bel exemple d'effet systémique : vous voulez aller au cinéma, alors que votre conjoint veut aller au restaurant ; vous trouvez alors un compromis pour préserver la relation.

L'ÉLOIGNEMENT DE SOI-MÊME

Toutes ces figures ont pu, dans une certaine mesure, créer une sorte d'espace, de faille, vous éloignant peu à peu de vous-même. Si tel est votre cas, vous vous sentez peut-être en décalage par rapport à celui que vous êtes au plus profond de vous :

- vous qui rêvez votre vie ;
- vous dont la flamme intérieure éclaire d'une lumière intense ce dont vous avez vraiment besoin ;
- vous qui possédez des facultés dans des domaines que d'autres n'ont pas ;
- vous qui ressentez un immense plaisir lorsque vous êtes en contact avec ce qui vous fait vibrer ;
- vous qui avez conscience que vous êtes fait pour autre chose que ce qui vous occupe aujourd'hui ;
- vous qui avez le sentiment que vous pouvez contribuer à quelque chose de « plus grand » ;
- vous qui savez intuitivement quel est le sens de votre vie...

Cette partie de vous est toujours là, quelque part, et elle se manifeste parfois pour vous adresser un message. Ce message, c'est votre Appel.

L'APPEL

S'éloigner de soi-même est un résultat, l'aboutissement d'un long processus dans lequel se mêlent les influences que nous avons vues précédemment, certaines défenses inconscientes vous faisant croire que « prendre sa vie en main, c'est dangereux », ou encore l'enlisement dans une sorte de confort du quotidien.

Pour autant, vous percevez peu à peu une multitude de petits signaux qui vous interpellent sur le sens à donner à votre vie. Et plus vous tentez de les occulter, plus ils se manifestent. Sous différentes formes, ils se rappellent régulièrement à vous. C'est un peu comme un appel, une petite voix qui se fait entendre de plus en plus distinctement et qui vous chuchote à l'oreille des questions existentielles :

- Pourquoi est-ce que je rencontre toujours les mêmes types de personnes toxiques ?
- Encore un échec ! Mais qu'est-ce qui cloche chez moi ?
- Cela fait six mois que j'ai mal dans le bas du dos. Qu'est-ce que j'ai ?
- Ça alors ! Voilà la troisième fois que je tombe sur un article en lien avec mes questions du moment. Qu'est-ce que cela signifie ?
- Comment pourrais-je me sentir motivé par ce que je fais ?

Des questions de ce type, il en existe un nombre infini. Chacun de nous peut, s'il se donne le temps nécessaire, prêter une oreille attentive à cet Appel venu tout droit de son être profond et écouter le message dont il est porteur.

APPRENDRE À PILOTER SA VIE

OUBLIEZ LES OBJECTIFS : FAITES PLACE AUX PROJETS

Nombre d'ouvrages de développement personnel érigent en dogme le fait de se fixer des objectifs. À grand renfort de techniques SMART, SWOT et autres SCORE, la détermination d'un objectif devient en quelque sorte l'alpha et l'oméga de l'épanouissement personnel. Comme si le fait de ne pas avoir d'objectif devenait un problème en soi, dont il faudrait s'inquiéter.

Il ne faut certes pas nier l'intérêt d'avoir un ou plusieurs objectifs sur lesquels mobiliser son énergie. Je les utilise moi-même avec mes patients, car faisant partie intégrante de tout processus d'accompagnement en coaching, ils permettent de déterminer un cap à suivre avec quelques critères de satisfaction servant de points de repère tout au long du parcours.

Pour autant, dans l'optique de prendre sa vie en main, avoir des projets permet de satisfaire un des besoins fondamentaux de l'être humain : la réalisation de soi. Cependant, il ne s'agit pas de n'importe quels projets ; il s'agit de ceux répondant au triptyque du bonheur : Plaisir – Engagement – Sens. Les recherches menées en psychologie positive, et notamment celles de Martin Seligman (chercheur en psychologie et professeur à l'université de Pennsylvanie), ont montré que le bonheur ou le bien-être subjectif était conditionné par le plaisir que nous ressentons à accomplir des tâches en y étant pleinement engagé, tout en leur donnant du sens. Décryptons ces trois composantes :

- **le plaisir**. Souvent associé à une émotion positive, le plaisir est un sentiment que nous éprouvons lorsque nous expérimentons une situation stimulante pour nos sens. Par exemple, nous pouvons éprouver du plaisir à regarder un coucher de soleil, à sentir un parfum délicat, à toucher une peau soyeuse, à goûter un met raffiné ou à écouter une musique envoûtante. Le plaisir est donc essentiellement tributaire d'une stimulation externe et est loin de se suffire à lui-même pour que nous puissions nous réaliser dans la vie. Pour autant, envisager des projets dans lesquels le plaisir sera présent est une bonne base si vous souhaitez prendre votre vie en main ;
- **l'engagement.** Deuxième composante essentielle pour envisager de se réaliser dans un projet, l'engagement avec lequel vous vous en emparez. S'engager dans un projet, c'est pouvoir y mettre toute votre énergie sans que cela vous coûte. Au contraire, plus vous êtes engagé, plus votre énergie augmente. Vous vous sentez stimulé au point de perdre la notion de temps, d'espace et de perception de soi. Vos compétences mobilisées pour ce projet sont utilisées à leur plein potentiel et votre focalisation est optimale. Plus rien n'existe à part l'objet de votre engagement. Voici quelques exemples de projets favorisant cet état de *flow* (en psychologie, il s'agit de l'état mental dans lequel se trouve une personne entièrement concentrée sur ce qu'elle fait), comme le nomme son créateur, le chercheur Mihály Csíkszentmihályi :
  - écrire un livre,

- peindre un tableau,
- relever un défi sportif,
- préparer un événement,
- apprendre à jouer d'un instrument,
- participer à une action caritative,
- travailler à plusieurs sur un sujet stimulant ;

- **le sens.** Dernier élément incontournable pour se lancer dans un projet, le sens que vous y trouvez. C'est peut-être même l'élément le plus important à considérer pour prendre sa vie en main. Trouver du sens à son projet et plus largement à sa vie, revient à se poser la question suivante : « Pour quoi fais-je ce que je fais ? » Le « pour quoi » vous connecte instantanément à la finalité de votre projet, à son but ultime. Attention, ne vous attendez pas à répondre à cette question du tac au tac. Elle demande un certain temps de réflexion pour trouver au fond de vous ce qui, précisément, fait sens. Pour vous aider, voici un petit enchaînement de questions qui vous permettra d'aller chercher le Graal de votre quête de sens :
  - Pour quoi envisagez-vous ce projet ?
  - En quoi est-il important pour vous ?
  - (en réponse à la question précédente) Qu'y a-t-il de plus important encore ?
  - (en réponse à la question précédente) Qu'est-ce que cela vous apportera ?
  - (en réponse à la question précédente) En quoi cela contribuera-t-il au monde qui vous entoure ?

À présent, repensez à la question « Pour quoi envisagez-vous ce projet ? » et essayez de formuler une réponse entre 5 et 9 mots maximum.

Ainsi, vous l'aurez compris, prendre votre vie en main commence par l'élaboration d'un projet ayant du sens pour vous, sur lequel vous vous sentez pleinement engagé et qui vous procure un sentiment de plaisir. Voici un outil qui peut vous aider à établir les bases d'un projet :

De manière générale...		
PLAISIR	**ENGAGEMENT**	**SENS**
… comment prenez-vous du plaisir dans la vie ?	… quelles sont les activités dans lesquelles vous laissez s'exprimer tout votre potentiel ?	… qu'est-ce qui est important pour vous dans votre vie ?
Quel lien pouvez-vous trouver entre toutes les réponses que vous avez fournies ci-dessus ?		
Listez 5 projets envisageables correspondant au lien décrit ci-dessus.		
• • • • •		
Classez-les suivant le triptyque du bonheur : Plaisir - Engagement - Sens		

LES FONDAMENTAUX POUR PRENDRE SA VIE EN MAIN

Cultivez l'optimisme

L'optimisme est une manière de percevoir le monde qui nous entoure. Selon la psychologie positive (branche de la psychologie s'intéressant aux forces et aux vertus de l'être humain), elle est aussi la tendance à considérer les choses sous le meilleur des aspects. Pour reprendre une image connue, être optimiste, c'est voir le verre à moitié plein plutôt qu'à moitié vide.

L'optimiste voit des opportunités là où le pessimiste ne voit que des problèmes. Il abrite en lui plusieurs croyances ressources qui lui permettent non pas de voir la vie en rose, mais de la voir sous un jour plus lumineux. Voici quelques exemples de croyances ressources que peut avoir un optimiste :

- « Le monde est rempli d'opportunités qui sont à ma portée. »
- « Je n'ai pas échoué. J'ai simplement appris ce qu'il ne faudra pas refaire la prochaine fois. »
- « Je dois cette réussite aux talents et aux compétences que j'ai su mobiliser efficacement. »
- « L'autre est un partenaire potentiel plutôt qu'un ennemi probable. »
- « L'impermanence des choses me donne le courage de continuer mon chemin malgré les difficultés. »

L'optimiste n'est pas dans le déni des difficultés de l'existence. Il traverse lui aussi des épreuves compliquées, mais il parvient à relativiser, à conscientiser le fait qu'elles sont ponctuelles, et à évaluer sa part de responsabilité dans les faits.

Admettons que vous deviez participer à une compétition sportive durant le week-end et que vous n'avez pas atteint l'objectif que vous vous étiez fixé. Une personne optimiste trouvera une explication rationnelle à cet échec (« Je n'ai pas su me préparer correctement parce que j'ai dû faire face à une surcharge de travail. »), tandis qu'une personne pessimiste en fera un événement global dans sa vie, s'en attribuera l'entière responsabilité et l'envisagera comme définitif.

En pratiquant cette nouvelle « philosophie de vie », vous serez plus prompt à saisir les opportunités qui se présentent à vous et vous vous sentirez très vite mieux dans votre peau.

Acceptez le changement

Vous devez certainement vous en douter, mais il est important de le souligner : prendre sa vie en main demande d'effectuer quelques changements dans sa vie actuelle. Car si vous lisez actuellement ce livre, c'est que votre vie vous échappe en partie ou qu'elle n'a jamais vraiment été sous votre direction et que vous souhaitez modifier cette situation.

Malgré ce constat, il faut tout de même prendre conscience que vous évoluez dans un ou plusieurs environnements, en lien avec différentes personnes, sur un mode que vous connaissez très (trop ?) bien. Cet ensemble (vous + environnement + individus + relations + fonctionnement) forme ce que l'on appelle un système. Un système est donc un ensemble d'éléments en interaction suffisamment forte pour constituer un tout qui ne peut être décrit en considérant séparément ses éléments. Dans cette perspective, les équipes, les entreprises, les collectivités de travail, sont définies comme des systèmes ouverts, c'est-à-dire en interaction avec un environnement (MILLET (Olivier), *Formation à l'intervention systémique en entreprise. L'approche de Palo Alto en entreprise*, 2011).

Parmi les principes ou lois régissant les systèmes, il y en a un qui vous concerne directement si vous vous engagez à prendre votre vie en main et qui se manifestera de façon presque certaine : le principe d'homéostasie. Issu de la biologie, celui-ci nous indique que tout système tend à réduire les variations qu'il connaît et à les maintenir entre des limites acceptables. Un système ouvert possède des mécanismes de régulation qui lui permettent de se maintenir dans un état stable, en toutes circonstances, même lorsque l'environnement change. Ces régulations permanentes permettent au système de survivre et de se maintenir (*ibid.*). Ainsi, lorsqu'il est soumis à des contraintes ou à des forces l'incitant à se modifier, le système tend invariablement à revenir à un état d'équilibre antérieur à cette tentative de changement. Prenons quelques situations où le principe d'homéostasie entre en scène :

- **[Biologie]** vous contractez une grippe ; votre corps produit des globules blancs et augmente sa température pour combattre le virus dans le but de retrouver son équilibre. C'est le principe d'homéostasie ;

- **[Entreprise]** une restructuration de service est annoncée dans une entreprise. Un mouvement social est lancé pour conserver les acquis sociaux risquant de disparaître à la suite de ce changement. C'est une nouvelle fois le principe d'homéostasie qui en jeu ;
- **[Famille]** parfois, un nouvel arrivant dans la famille (un bébé, un grand-parent) peut créer des tensions, car l'équilibre familial est rompu. De la même manière, le départ d'un enfant peut parfois conduire à de fortes tensions dans le couple, car l'équilibre du système familial était justement maintenu par le fils ou la fille qui a quitté le nid. Si aucun équilibre n'a été trouvé par ceux qui restent, le système risque de se dissoudre ;
- **[Vie personnelle]** vous souhaitez prendre votre vie en main. Cela va probablement générer des turbulences dans le système que vous formez avec votre environnement, vos habitudes, vos schémas de fonctionnement ou vos relations. Ainsi, la procrastination, les conduites d'évitement, les excuses, l'autosabotage, sont autant de signes vous incitant à rester sur place et vous montrant que vous êtes au cœur d'une période de changement. Donc finalement, si vous prenez cela comme une information et que vous ne vous y fixez pas, c'est presque bon signe ! L'étape suivante consiste à savoir ce que vous pouvez faire de ces informations.

Faites des choix

Autre élément incontournable dans le processus de (re) prise du contrôle de sa vie, la notion de choix. Comme nous venons de le voir, prendre sa vie en main nécessite de réaliser quelques changements dans ses fonctionnements quotidiens. Pour cela, il va falloir prendre des décisions. Pour certains, cette idée est particulièrement anxiogène. Pourtant, c'est grâce aux différents choix que vous ferez que petit à petit vous (re)prendrez les rênes de votre vie. Il faut toutefois vous montrer patient, car ce n'est que le cumul de vos choix qui vous aidera à retrouver une existence en phase avec vos valeurs.

Un choix est le résultat d'une action, celle de retenir une option parmi plusieurs. Souvent, nous pensons être en situation de choisir lorsque deux options se présentent à nous. Or, dans ce cas de figure précis, nous ne sommes pas face à un choix, mais face à un dilemme. Le véritable choix ne commence que lorsque trois options se présentent à vous. La différence, si minime soit-elle sur le plan numérique, est significative sur le plan de l'impact psychologique.

Le dilemme a pour effet de générer un sentiment désagréable, car en optant pour l'une des deux options, nous ne pouvons empêcher l'émergence d'un sentiment de perte vis-à-vis de celle que l'on ne prend pas, plutôt qu'un sentiment positif envers celle que nous avons choisie. En fin de compte, quelle que soit l'option retenue, le ressenti est plutôt mitigé. Par la suite, le phénomène psychologique qu'est la réduction de la dissonance cognitive (conflit entre deux processus mentaux *a priori* inconciliables) prend le relais et atténue ce sentiment de frustration en surévaluant les critères de l'option retenue et en sous-évaluant ceux de l'option délaissée. L'équilibre est ainsi sauf. Pour autant, vous pourrez économiser une énergie psychique considérable en vous plaçant volontairement dans une situation de « vrai » choix. Ainsi, si vous êtes face à un dilemme où seules deux options se présentent à vous, votre mission sera de vous créer une troisième option. Il peut s'agir d'une combinaison des deux premières ou de la création d'une véritable nouvelle option issue de votre esprit créatif débordant.

Devenez proactif plutôt que réactif

Dernier principe fondamental si vous souhaitez prendre votre vie en main : soyez proactif ! Cette attitude fera de vous un aimant à opportunités, un créateur de chances.

D'après Stephen R. Covey (homme d'affaires et conférencier américain), être proactif renvoie au fait qu'en tant qu'être humain, nous sommes responsables de notre propre vie (*Les 7 habitudes de ceux qui réalisent tout ce qu'ils entreprennent*, Paris, First, 2005). Nous avons la possibilité d'agir en fonction des décisions que nous prenons ; et plus ces décisions se prennent en conscience, plus nous pouvons être proactifs.

Les individus proactifs puisent leurs ressources – sans les épuiser – en interne ; c'est-à-dire qu'ils vont d'abord voir en eux ce qui leur permettra d'avancer dans leur vie, avant d'éventuellement se tourner vers l'extérieur pour demander un appui. D'ailleurs, les individus proactifs n'hésitent pas à demander de l'aide quand ils l'estiment nécessaire pour accomplir leur projet. Ils se fient à leur système de valeurs dont ils ont une connaissance approfondie et parviennent à prendre le recul nécessaire pour prendre une décision. Enfin, de manière générale, les personnes proactives concentrent leurs efforts sur ce qui dépend d'elles, sur ce qui est de leur ressort, et ne font que peu de cas de ce qui ne relève pas de leur contrôle.

Les individus réactifs, quant à eux, sont plutôt enclins à être dépendants des circonstances extérieures lorsqu'il s'agit de leur humeur, de leurs émotions, de leur temps ou de leurs décisions. Leurs références, leurs points de repère pour se diriger dans la vie sont externes, c'est-à-dire qu'ils font gé-néralement passer les valeurs et opinions des autres avant les leurs. Du coup, c'est un peu comme s'ils confiaient la télécommande de leur vie à de tierces personnes. Celles-ci peuvent alors exercer un pouvoir considérable en jouant avec les différentes commandes de l'appareil. Enfin, les personnes réactives s'épuisent la plupart du temps à vouloir changer des situations qui ne dépendent pas d'elles.

Illustrons ces deux tendances par un exemple. Prenons la si-tuation dans laquelle le projet que vous aviez mis en œuvre n'aboutit pas :

- une personne réactive aura tendance à dire que c'est la faute d'untel, de la conjoncture, du temps qu'il fait, ou à se blâmer lourdement en se reprochant mille choses qu'elle aurait dû faire ou ne pas faire ;
- une personne proactive prendra un peu de recul sur la situation, en l'analysant à froid et en relevant les paramètres qu'elle pourra modifier si un projet similaire se représentait à elle. Elle parviendra à distinguer les éléments défaillants venant de l'extérieur et ceux venant d'elle-même. Dans tous les cas, elle considérera cette déconvenue comme une expérience lui ayant apporté d'autres choses positives.

Cette conception préconisant notre responsabilité individuelle dans la conduite de notre propre vie n'est pas toujours évidente à admettre. Nombre d'arguments, parfois très légitimes, viennent bousculer cette théorie. Parmi eux, il y a l'argument qui prend en compte les éléments qui ne sont pas directement sous notre contrôle (changer le comportement de quelqu'un, par exemple) ou qui sont complètement incontrôlables (notre passé, un accident). En effet, comment revendiquer la proactivité quand tant de choses ne dépendent pas de nous ?

Voici trois moyens de réagir de façon proactive par rapport à trois types de problématiques différentes (*ibid.*) :

- **la problématique est directement contrôlable**. Il peut s'agir d'une situation concernant directement votre environnement, votre comportement, vos compétences ou vos croyances. L'action proactive serait alors de changer vos habitudes de fonctionnement ;

- **la problématique est indirectement contrôlable**. Il peut, par exemple, s'agir du comportement d'une autre personne. Dans ce cas, l'action proactive serait de changer votre façon de communiquer avec cette personne pour faire passer votre message. Le résultat n'est pas garanti, mais vous aurez fait ce qui dépendait de vous. Si ça ne fonctionne pas, passez au point suivant ;
- **la problématique est incontrôlable**. Soit il s'agit de choses qui ne sont plus sous votre contrôle (votre passé par exemple), soit il s'agit de situations dont, malgré votre proactivité, l'issue n'est pas satisfaisante. Dans ce cas, vous avez encore le pouvoir d'être proactif en changeant votre façon de voir les choses. C'est à ce stade que la notion de lâcher-prise prend tout son sens.

EN BREF

Pour résumer, si vous souhaitez prendre votre vie en main, commencez par élaborer des projets qui ont du sens pour vous, dans lesquels vous vous sentez engagé et où vous ressentez du plaisir. Pour cela, il convient d'accepter quelques changements dans votre vie, notamment en faisant des choix et en adoptant un comportement proactif plutôt que réactif.

COMMENT GARDER LE CONTRÔLE DE SA VIE ?

LES VALEURS, CLÉS ULTIMES POUR GARDER LE CAP

Gérard était dans une période de transition professionnelle assez houleuse. Il ne comprenait pas sa difficulté à retrouver un travail, ni n'avait même l'idée de ce qu'il voulait ou pouvait faire. Lui qui avait toujours été actif et productif, il ne s'expliquait pas ce sentiment de ne plus tenir fermement les rênes de sa vie. Après un travail exploratoire lié à sa demande et à ses besoins, il s'est avéré que Gérard vivait un conflit de valeurs internes. En effet, l'une des valeurs qui l'avaient animé durant la première partie de sa carrière était l'Argent, une valeur inculquée durant son éducation dans un contexte économique précaire.

Pour autant, après plusieurs années fastes, cette période de transition fut pour lui un révélateur du changement qui s'était opéré dans son système de valeurs. Ainsi, après avoir identifié et hiérarchisé les valeurs qui l'animent à présent, il s'est aperçu que la valeur Argent, bien que toujours valable, était désormais reléguée dans le bas de son classement. D'autres avaient pris les premières places, parmi lesquelles celle de contribuer au bien des autres. Quelque temps plus tard, Gérard ouvrait une boulangerie-snack et se réjouissait de pouvoir nourrir ses clients. Il avait trouvé un sens très fort à cette notion de satisfaire un besoin fondamental de l'être humain.

Ainsi, pour garder le cap de la prise en main de votre vie, vos valeurs forment une boussole très fiable. Maintenant que vous êtes le pilote dans l'avion, il s'agit de garder le bon cap pour avancer.

Mais connaître ses valeurs, et plus spécifiquement son système de valeurs, ne va pas de soi. Vous pouvez bien entendu avoir une idée plus ou moins précise de ce qui est important pour vous dans la vie. Pour autant, vous n'avez peut-être pas mis au jour quelles sont vos valeurs prioritaires en cet instant, à cette période de votre vie. Car, même si globalement nos valeurs fondamentales restent similaires au cours de notre vie, il se peut que nos priorités changent en fonction de la période que nous traversons, qu'une nouvelle valeur entre en scène pendant qu'une autre s'efface. Tout ceci constitue la dynamique des valeurs.

Afin d'explorer un peu plus votre système de valeurs, aujourd'hui, voici un petit outil en trois étapes : l'échelle des valeurs.

- **Étape 1 : déterminez ce qui est important pour vous dans la vie**
  La première étape consiste à vous servir du tableau ci-dessous afin d'identifier et de lister dans trois contextes différents les choses que vous aimez, que vous recherchez ou qui sont importantes pour vous ainsi que celles que vous n'aimez pas, que vous évitez ou qui vous dérangent.
  Vous constaterez que nous n'avons pas encore parlé de valeurs. L'idée, ici, est d'être le plus spontané possible. Vous pouvez inscrire des mots clés, des groupes de mots

ou des phrases complètes si cela vous vient de manière naturelle. J'ai choisi arbitrairement les environnements personnels, professionnels et vous laisse le choix du dernier contexte qui vous apparaît comme important dans votre vie.

Donnez-vous le temps de réfléchir et de prendre conscience de toutes ces choses que vous faites avec enthousiasme, que vous entendez, que vous voyez, que vous vivez, qui vous attirent, dans lesquelles vous vous sentez bien et qui ont de l'importance pour vous. Tout ceci aussi bien chez vous que chez les autres, en solo ou en groupe. S'il y a un ressenti, c'est celui qui vous donne la sensation d'un grand « oui ! » positif au plus profond de vous.

Dans le même ordre d'idée, prenez un temps de recul et repensez à tout ce dont vous avez horreur, ce qui vous hérisse le poil, que vous prenez soin d'éviter ou qui vous heurte quelque part et déclenche un ressenti qui pourrait se caractériser par un grand « non ! ».

VIE PERSONNELLE	Ce que j'aime, ce que je recherche, ce qui est important pour moi	• • • • • • ...
	Ce que je n'aime pas, ce que j'évite, ce qui me dérange, ce à quoi je m'oppose	• • • • • • ...
VIE PROFESSIONNELLE	Ce que j'aime, ce que je recherche, ce qui est important pour moi	• • • • • • ...
	Ce que je n'aime pas, ce que j'évite, ce qui me dérange, ce à quoi je m'oppose	• • • • • • ...
(CHOIX DU CONTEXTE)	Ce que j'aime, ce que je recherche, ce qui est important pour moi	• • • • • • ...
	Ce que je n'aime pas, ce que j'évite, ce qui me dérange, ce à quoi je m'oppose	• • • • • • ...

- **Étape 2 : listez vos valeurs**

Après avoir listé tous ces éléments d'attirance ou de rejet, l'idée est maintenant de les regrouper par familles de valeurs. Autrement dit, il s'agit de rassembler les éléments que vous aimez, que vous recherchez, qui sont importants pour vous, avec ceux que vous vous n'aimez pas, que vous évitez, qui vous dérange et qui correspondent à une même valeur. Il faut donc regrouper sous un même nom ce qui correspond à une paire valeur/antivaleur. Exemples :

- « J'aime disposer de mon temps comme je le souhaite » et « Je n'aime pas me sentir contraint par un cadre rigide » peuvent se regrouper sous une valeur commune : la Liberté.
- « Je recherche des relations basées sur la transparence » et « Je ne supporte pas l'hypocrisie, les non-dits ou les gens sournois » peuvent se regrouper sous une valeur commune : la Confiance.
- « Il est important pour moi de respecter les règles de vie en société » et « Être témoin de certains écarts de la part de mes semblables me dérange considérablement » peuvent se regrouper sous une valeur commune : la Justice.

La valeur commune est celle qui vous correspond. Il se peut toutefois que les mêmes éléments regroupés par deux individus correspondent à deux valeurs différentes, certes proches, mais différentes. Le premier exemple pourrait aussi avoir comme valeur commune l'Autonomie.

Pour vous aider dans votre recherche, voici un tableau dans lequel vous pourrez retrouver quelques valeurs couramment mobilisées. Ce tableau n'est évidemment pas exhaustif. Vous pouvez donc y ajouter des valeurs qui vous sont propres.

TABLEAU DES VALEURS				
Humilité	Création	Liberté	Progrès	Confiance
Argent	Découverte	Loyauté	Famille	Équité
Choix	Désinteres-sement	Maîtrise	Écologie	Équilibre
Amitié	Apprentissage	Originalité	Contribution	Évolution
Aide	Échange	Ouverture	Construction	Productivité
Diversité	Efficacité	Partage	Responsabilité	Honneur
Authenti-cité	Engagement	Participa-tion	Innovation	Humour
Élégance	Enrichissement	Plaisir	Intimité	Indépen-dance
Esthétique	Autonomie	Progression	Intégrité	Santé
Bâtir	Reconnaissance	Service	Justice	Sécurité
Bien-être	Leadership	Respect de soi	Succès	Sincérité
Bonheur	Générosité	Respect mutuel	Transmission	Solidarité
Change-ment	Qualités relationnelles	Réussite	Travail en équipe	Le travail bien fait
Tolérance	Créativité	Harmonie	Ordre	Paix
…	…	…	…	…

- **Étape 3 : comparez vos valeurs deux à deux**

  Afin d'établir votre échelle de valeurs, il s'agit maintenant de les comparer entre elles. Dans un premier temps,
  demandez-vous quelle est la plus importante des valeurs
  entre les deux premières valeurs de votre liste. Attribuez-
  lui 1 point. Cherchez ensuite quelle est la plus importante
  entre la 1re valeur et la 3e, puis entre la 1re et la 4e, et ainsi
  de suite, en attribuant à chaque fois 1 point à la valeur
  jugée la plus importante.

Prenez ensuite la 2ᵉ valeur que vous comparerez successivement à la 3ᵉ, à la 4ᵉ, etc., et accordez 1 point à chaque valeur qui vous paraît la plus importante.

Lorsque vous aurez comparé toutes les valeurs entre elles, il vous reste à comptabiliser les points. Bien entendu, c'est la valeur qui recueille le plus de points qui sera votre valeur principale.

Si vous hésitez entre deux valeurs, vous pouvez soit leur attribuer 1 point à chacune (pour les valeurs les plus importantes) ou n'en attribuer aucun (pour les valeurs les moins importantes).

Exemple :

VALEURS	POINTS	TOTAL POINTS	ÉCHELLE FINALE
Engagement	0 1 0	1	Amitié
Liberté	1 1 0	2	Liberté
Transmission	0 0 0	0	Engagement
Amitié	1 1 1	3	Transmission
…	…	…	…

Comment prendre sa vie en main ? © 50MINUTES.fr

Si un doute subsiste avec une valeur, posez-vous la question suivante : « Si j'ai cette valeur, qu'y aurait-il d'encore plus important pour moi ? » La réponse à cette question est une valeur de niveau supérieur. Si aucune réponse ne vient spontanément, considérez qu'il s'agit là de la valeur la plus importante pour vous.

À QUOI DEVEZ-VOUS VOUS ATTENDRE MAINTENANT QUE VOUS AVEZ PRIS VOTRE VIE EN MAIN ?

Vous voilà donc avec une belle boussole dont vous êtes le créateur. Elle est d'autant plus précieuse qu'elle est unique. L'utiliser au quotidien pour prendre votre vie en main – à l'aide des éléments vus dans la première partie – engendrera quelques conséquences dont vous ne soupçonnez pas encore le bénéfice. Soyez donc attentif aux effets positifs décrits ci-dessous, au cas vous auriez à nouveau l'idée ou l'envie de lâcher les rênes de votre vie et de la regarder filer sous vos yeux...

De très nombreuses opportunités

Qu'elles soient professionnelles ou personnelles, les opportunités vous tomberont dessus sans crier gare. Non qu'elles se soient multipliées par magie, mais votre nouvel état d'esprit vous aura rendu plus perméable à toutes ces occasions de vous engager dans des projets stimulants et ayant du sens. L'autre effet secondaire de cette ouverture aux opportunités sera l'attraction des personnes dont l'état d'esprit est similaire au vôtre. Imaginez tout ce que vous pourrez créer au contact d'individus ayant eux aussi de nombreuses opportunités dans leur vie et l'envie de les réaliser !

Le pouvoir de créer votre propre chance

Lorsque vous étiez simple spectateur de votre vie, vous aviez le luxe de pouvoir jouer de malchance et surtout d'en rendre responsable la terre entière. Quel confort, quelle facilité ! À présent que vous avez pris votre vie en main, les choses se compliquent un peu. En effet, les changements opérés dans votre fonctionnement vous auront incité à vous ouvrir aux autres et à vous-même. Du coup, votre disponibilité s'en trouve grandie et, à l'instar des opportunités, les situations où la chance est de votre côté se multiplieront.

Adieu l'autosabotage !

En laissant votre vie filer sous vos yeux, vous aviez encore toute la latitude pour faire rater un projet, une relation ou une affaire intéressante. Or maintenant que vous avez repris le contrôle, il y a de grandes chances que vous réussissiez ce que vous entreprenez. En effet, compte tenu de vos nouvelles capacités à observer les signaux faibles et à prendre des décisions en conscience, vos choix seront plus pertinents. Du coup, attention, le risque de réussite est bien plus important qu'il ne l'était avant ! En outre, même s'il vous arrive de connaître un revers sur un projet, vous êtes à présent capable de le tourner en opportunité d'apprentissage pour éviter de reproduire les mêmes écueils la fois suivante.

Une autonomie nouvelle

Sans vous en rendre compte, le chemin que vous avez parcouru pour prendre votre vie en main vous a conduit à avoir une conscience claire (conscience de vous, des autres et des situations), à entretenir des relations fluides et spontanées et surtout à être à l'écoute de vos besoins tout en sachant y répondre. La clé du bonheur !

FAQ

QUAND FAUT-IL (RE)PRENDRE SA VIE EN MAIN ?

Dès l'instant où vous observez dans votre vie des signes vous indiquant que le chemin que vous avez emprunté jusqu'alors n'est pas celui qui vous correspond véritablement. Il peut s'agir d'un sentiment de mal-être récurrent, de douleurs chroniques inexpliquées sur le plan biologique, de répétitions de « coïncidences » tournant autour du même sujet, de rencontres différentes ayant toutes un message similaire vous concernant, etc. Tous ces éléments doivent attirer votre attention sur le fait que vous avez peut-être perdu le contrôle de votre vie et qu'il est temps de reprendre le gouvernail en main.

LE CHANGEMENT ME FAIT PEUR. COMMENT Y REMÉDIER ?

Vous n'aurez malheureusement d'autre choix que d'accepter le changement, car tout évolue constamment dans la vie. Avoir peur du changement, c'est comme avoir peur du cycle du jour et de la nuit, des saisons ou du climat.

Concernant les changements de votre vie, il ne s'agit pas de renier ce que vous êtes, mais de devenir celui ou celle que vous n'êtes pas encore, cette personne à laquelle vous aspirez à devenir. La peur est une émotion qui vous délivre le message de vous protéger d'un danger. Mais dans ce cas, de quel danger s'agit-il ? En l'ayant identifié, vous serez plus à même de voir comment en minimiser l'impact sur vous, et peut-être même le ferez-vous disparaître.

COMMENT SORTIR DE MA ZONE DE CONFORT ?

La zone de confort est nécessaire pour se ressourcer, éprouver un sentiment de sécurité et bien entendu, de confort. Mais, à côté de celle-ci, il existe également la zone d'effort. Elle est celle qui vous permettra d'explorer de nouveaux horizons, de nouvelles ressources insoupçonnées, de nouvelles façons de vous voir grandir. Plutôt que d'envisager la sortie de la zone de confort comme un aller sans retour, préférez la circularité dans votre épanouissement. Rien n'interdit en effet l'exploration de terrains inconnus tout en ayant la possibilité de recharger de temps à autre ces batteries-là où l'on se sent bien.

SUR QUOI PUIS-JE M'APPUYER POUR COMMENCER À PRENDRE MA VIE EN MAIN ?

Les fondamentaux pour prendre votre vie en main résident dans vos valeurs internes, celles qui n'appartiennent qu'à vous. Vous pouvez aussi vous baser sur vos talents et sur les situations dans lesquelles vous vous sentez dans votre élément.

Deux autres piliers sur lesquels vous pouvez prendre appui sont votre intuition et votre plaisir. L'intuition est cette petite voix qui vous murmure parfois des choses très sensées et auxquelles vous adhérez pleinement, mais qui vient à être étouffée par tous les filtres de votre mental. Le plaisir est cette émotion agréable qui vous connecte directement à l'enfant encore présent au fond de vous.

QUELS MOYENS CONCRETS PUIS-JE ENVISAGER POUR LE FAIRE ?

Les moyens sont nombreux. Vous pouvez par exemple décider de faire une pause pour écouter ce que votre petite voix vous murmure et analyser son message, ou débuter une thérapie afin d'identifier plus clairement vos besoins et valeurs, ou encore être suivi par un coach en développement personnel qui vous soutiendra tout au long du processus de reprise en main de votre vie.

L'important sera également de prendre des initiatives qui vont feront plaisir. Il est, à cet égard, vraiment très important d'écouter ce que vous éprouvez en faisant les choses.

Pourquoi ne pas en profiter pour faire un voyage en solitaire durant lequel vous serez confronté à des choses différentes de celles que vous connaissez ? Cela ouvrira vos horizons et vous permettra peut-être de faire le point sur vous-même.

Vous pouvez également vous lancer un petit challenge chaque jour. En plus de vous rendre plus dynamique et d'augmenter votre satisfaction, vous découvrirez peut-être certaines choses sur vous que vous ne soupçonniez pas. Dans le même ordre d'idée, n'hésitez pas à vous placer plus souvent en situation de choisir. Et surtout, doutez de tout sauf de vous !

COMMENT TROUVER LE TEMPS POUR PRENDRE SA VIE EN MAIN ?

Il n'y a pas besoin de temps pour prendre sa vie en main. Passer de l'état de spectateur de sa vie à celui d'acteur est avant tout un état d'esprit. C'est à chaque seconde que se joue la partie. En revanche, si vous décidez de vous lancer, il est important de vous donner le temps pour accomplir cette quête. Rome ne s'est pas faite en un jour. Soyez donc patient et profitez pleinement de chaque pas que vous faites.

J'AI DE MULTIPLES PROJETS QUI RESTENT À L'ÉTAT D'IDÉES.
COMMENT FAIRE POUR LES METTRE EN ŒUVRE ?

Plusieurs pistes sont à explorer. La première serait de vous faire aider par des professionnels dont le métier est précisément l'accompagnement des personnes dans la réalisation de leurs projets. Une autre consisterait à vous interroger sur ce que vous n'avez pas encore lâché de votre passé et qui vous empêche aujourd'hui d'avancer. Une autre encore pourrait être de commencer par un petit projet jusqu'à sa réalisation, puis d'en investir un second, puis un troisième, en vous référant chaque fois au triptyque Plaisir – Engagement – Sens qui doit désormais vous guider tout au long du voyage.

FAUT-IL TOUT REMETTRE EN QUESTION ?

Cela dépendra de plusieurs facteurs à prendre en compte :

- votre niveau d'engagement dans la façon dont vous souhaitez prendre votre vie en main ;
- votre capacité à vous remettre en question ;
- votre motivation à explorer vos zones d'ombre ;
- votre sentiment d'inconfort dans votre vie actuelle ;
- votre niveau de tolérance vis-à-vis des difficultés que vous vivez actuellement.

Quoi qu'il en soit, il y a deux types de changement, avec chacun leurs bénéfices et leurs risques :

- le changement de type 1 vous permet d'apporter quelques modifications dans votre vie afin d'accéder à un peu plus d'autonomie tout en préservant un certain équilibre. Le bénéfice est un sentiment (illusoire ?) de sécurité ressenti. Le risque est de revenir tôt ou tard à votre situation actuelle avec tous les désagréments qu'elle comporte ;
- le changement de type 2 correspond à un changement de paradigme, à un basculement complet vers votre nouveau moi. Le bénéfice est le caractère durable de votre évolution personnelle.

POUR ALLER PLUS LOIN

SOURCES BIBLIOGRAPHIQUES

- COVEY (Stephen), *Les 7 habitudes de ceux qui réalisent tout ce qu'ils entreprennent*, Paris, First, 2005.
- MILLET (Olivier), *Manuel de formation à l'intervention systémique en entreprise*, s.l., 2011.
- PEIFFER (Christophe), ROLAND (Eric), AUBRY (Karine) et BOUTIN (Anne-Claude), « Les valeurs », in *Le Blog des rapports humains.fr*, consulté le 5 juillet 2016. http://www.leblogdesrapportshumains.fr/les-valeurs-ebook-a-telecharger/

SOURCES COMPLÉMENTAIRES

- BEN-SHAHAR (Tal), *Choisir sa vie. 101 expériences pour saisir sa chance*, Paris, Belfond, 2014.
- CSIKSZENTMIHALYI (Mihaly), *Mieux vivre en maîtrisant votre énergie psychique*, Paris, Robert Laffont, 2006.
- SELIGMAN (Martin), *Vivre la psychologie positive*, Paris, InterÉditions, 2011.
- VAN DIEREN (Xavier), *Réveillez vos 4 héros intérieurs*, Québec, Les Éditions du Héros, 2015.

Éditeur responsable : Lemaitre Publishing
Avenue de la Couronne 382 | BE-1050 Bruxelles
info@lemaitre-editions.com

ISBN ebook : 978-2-8062-6753-5
ISBN papier : 978-2-8062-6754-2
Dépôt légal : D/2016/12603/192
Photo de couverture : © Laszlo - Fotolia.com

Conception numérique : Primento,
le partenaire numérique des éditeurs.